Furkan Canbay

Investigação dos hábitos e interesses de leitura dos alunos de ELT

Furkan Canbay

Investigação dos hábitos e interesses de leitura dos alunos de ELT

ScienciaScripts

Imprint

Cover image: www.ingimage.com

This book is a translation from the original published under ISBN 978-3-330-33401-4.

Publisher:
Sciencia Scripts
is a trademark of
Dodo Books Indian Ocean Ltd. and OmniScriptum S.R.L publishing group

120 High Road, East Finchley, London, N2 9ED, United Kingdom
Str. Armeneasca 28/1, office 1, Chisinau MD-2012, Republic of Moldova, Europe
Managing Directors: Ieva Konstantinova, Victoria Ursu
info@omniscriptum.com

Printed at: see last page
ISBN: 978-620-8-63973-0

ÍNDICE DE CONTEÚDOS

PREÂMBULO

O hábito de leitura pode ser visto como um conceito que traz benefícios significativos ao longo da vida. Um dos factores que desempenham um papel importante na aquisição de hábitos de leitura são os professores. O estudo apresentado neste livro foi realizado com a participação de futuros candidatos a professores de inglês. Os pontos de vista e os interesses dos participantes relativamente aos hábitos de leitura foram abordados neste estudo. Espero que as suas reflexões sobre as questões apresentadas no estudo contribuam para a literatura. Poderão também contribuir para a eliminação de deficiências no ambiente educativo e para a melhoria da educação.

Gostaria de agradecer à minha família, que sempre me acompanhou e apoiou.

Furkan CANBAY

6 de junho de 2017-Erzurum

RESUMO

O objetivo do estudo é investigar os hábitos e interesses de leitura dos estudantes de ELT na Universidade de Atatürk. A investigação foi um estudo de caso realizado de forma qualitativa. A amostra do estudo foi constituída por 15 alunos que se dispuseram a participar na investigação. Os dados foram recolhidos entre 29 de janeiro e 30 de março de 2016 no Departamento de Ensino da Língua Inglesa (ELT) da Universidade de Atatürk. Para a recolha de dados, foi utilizado o método de entrevista em profundidade. As entrevistas duraram quase 30 minutos para cada participante. A maioria dos participantes valoriza a importância do hábito de leitura. Consideram que a leitura é um hábito que deve ser iniciado numa idade jovem. Preferem sobretudo os livros comprados porque podem desenhar ou tomar notas nos seus próprios livros. Gostam de ler, mas não têm tempo suficiente para o fazer. Quando escolhem o material de leitura, prestam atenção ao conteúdo. Estes resultados mostram que os participantes têm interesse pela leitura, mas sofrem de alguns problemas.

Capítulo 1 INTRODUÇÃO

A leitura é uma atividade importante que influencia o desenvolvimento intelectual das pessoas e afecta o pensamento crítico, ganhando diferentes perspectivas e compreensão de si próprio, das outras pessoas e dos acontecimentos com que se pode deparar (Karadeniz e Can, 2015). Kirmizi et al (2014) afirmam que vivemos na era da informação, o que exige que as pessoas leiam, pensem, critiquem, pesquisem, apliquem os conhecimentos e os transmitam aos outros. Afirmam ainda que a leitura é uma competência útil tanto no ensino da primeira como da segunda língua. De acordo com Odaba§ et al (2008), a leitura contínua e regular, ou seja, um simples hábito de leitura, pode ser vista como uma base para a aprendizagem ao longo da vida. Erdamar e Demirel (2009) definem o hábito de leitura como o ato de ler que se forma ao considerar a leitura como um requisito e ao realizá-la de forma contínua e regular. De acordo com Erdem (2015), adquirir um hábito de leitura e mantê-lo ao longo da vida é um objetivo educativo. Ilgar e Ilgar (2012) também afirmam que o hábito de leitura é útil devido à sua contribuição para a compreensão da leitura, a resolução de problemas e o pensamento crítico. Salientam a importância do hábito de leitura para os estudantes das faculdades de educação, uma vez que estes estarão a educar as gerações futuras. Yusof (2010) esclarece a importância da leitura, analisando a questão de uma perspetiva educativa. Afirma que as pessoas com hábitos de leitura formam uma comunidade de sucesso. Podem produzir uma força de trabalho de qualidade que pode ser muito melhorada no futuro. Kirmizi et al (2014) afirmam que o hábito de leitura pode ser considerado uma questão importante para compreender as condições reais da formação de professores. Por conseguinte, a investigação dos hábitos e interesses de leitura dos candidatos a professores pode contribuir para a formação de professores de inglês.

O objetivo do estudo é investigar os hábitos de leitura dos alunos de ELT que estudam na Universidade Atatürk. De acordo com este objetivo, procuraram-se respostas para as questões de investigação enumeradas a seguir:

1. O que é que os alunos pensam do hábito de leitura e qual a importância de o adquirir?
2. Quanto tempo é que os alunos passam a ler?
3. Que fontes de leitura é que os alunos utilizam normalmente?
4. Quais são os factores que motivam os alunos a ler ou os impedem de o fazer?
5. Que tipo de livros ou temas é que os alunos gostam ou não gostam particularmente?

Capítulo 2 VISÃO GERAL DA LITERATURA

A leitura é um tema interdisciplinar e abrangente. Por conseguinte, pode ser útil abordar alguns tópicos inter-relacionados antes de examinar os hábitos de leitura. Esta secção do livro aborda vários conceitos de leitura, como a atividade de leitura, a motivação para a leitura, o pensamento crítico e a leitura crítica, o papel da tecnologia, as razões para ler, os hábitos de leitura e os factores eficazes, e as estratégias de leitura.

1.1. Atividade de leitura

Albeckay (2014) explica a atividade de leitura como a integração de informação extraída e interpretada a partir de contextos visuais, semânticos, conceptuais e linguísticos para criar significado. Dolezalova (2015) descreve que a leitura pode ser considerada uma competência de vida pessoal, profissional e social que é uma ferramenta importante para a aprendizagem ao longo da vida e que todos os educadores devem ser suficientemente competentes para ajudar a melhorar esta competência. Bulut (2015) confirma que a leitura desempenha um papel fundamental na educação linguística e é um processo complexo que envolve caraterísticas psicológicas, fisiológicas, cognitivas e sociológicas. É uma competência que é instável e pode ser melhorada. Wildova (2014) afirma que a atividade de leitura ganhou interesse hoje em dia em comparação com o passado. Raissi e Roustaei (2013) consideram a leitura como um pré-requisito para o desenvolvimento das competências de escrita dos alunos. Isto significa que um bom leitor tem o potencial para ser um bom escritor. Kartal et al. (2012)

sugerem que as oportunidades educativas não se devem limitar às escolas, mas devem abordar as caraterísticas progressivas dos alunos e dos pais que podem assumir a responsabilidade e contribuir efetivamente para o processo. Morni e Sahari (2013) analisam a leitura numa perspetiva mais ampla. Referem que a leitura é importante para fins individuais. Mas também é útil para a nação e o mundo como um todo. Karadag (2014) estabelece uma ligação entre a leitura e as questões motivacionais. Parte-se do princípio de que os cursos de leitura podem ter um impacto na auto-eficácia. Alrwele (2015) fala sobre o efeito positivo do desenvolvimento da compreensão da leitura na auto-perceção.

Bartosova et al. (2015) analisam vários aspectos que são benéficos na seleção de livros. Avaliam os bons livros de leitura em termos do seu conteúdo, âmbito, caraterísticas informativas e apresentação. Os conselhos dados pelos professores sobre os aspectos positivos ou negativos do material são valiosos para os alunos quando escolhem o que ler.

A competência de leitura pode ser descrita como uma competência abrangente que requer um pensamento eficaz durante a leitura. Sem competência de leitura, a leitura é inevitavelmente ineficiente (Ronkova e Wildova, 2016). A compreensão é um elemento essencial da competência de leitura funcional. Pode ser definida como a interpretação e a compreensão do texto (Zhussupova e Kazbekova, 2016). Os anos de experiência dos professores podem ser um fator eficaz no desenvolvimento das competências de leitura dos alunos, mas a qualidade dos professores e a forma como tiram partido da sua formação académica são ainda mais importantes. Isto porque trabalhar durante muitos anos também pode levar a problemas profissionais como a fadiga e o esgotamento, que causam situações problemáticas em relação à educação (Karimi, 2012). Karimi (2012) considera a dimensão e a densidade da sala de aula como elementos potencialmente favoráveis à melhoria da literacia, mas apenas até certo ponto. As salas de aula demasiado cheias podem ter efeitos negativos.

1.2. Motivação para ler

Bulut (2015) aborda a necessidade de motivação e de definição de objectivos na atividade de leitura. Grabe (2009) expressa que a motivação e as atitudes contribuem de forma importante para o desenvolvimento da leitura. Ozonder (2015) enfatiza que a motivação para a leitura tem várias dimensões. Wigfield e Guthrie (1997), apontando a importância do interesse e da atitude na motivação para a leitura, expressam que as pessoas que têm uma atitude positiva em relação a uma tarefa e acreditam que podem fazer bem a tarefa e têm uma alta opinião intrínseca da tarefa tornam-se mais bem-sucedidas e ansiosas na tarefa. Arici (2008) centra-se na relação entre a motivação para a leitura e o sentimento de prazer. Forçar as pessoas a fazer algo que não querem realmente fazer pode ter o efeito oposto. Kirmizi (2010) também salienta que obrigar os alunos a ler pode ser prejudicial. A leitura pode ser tornada mais atractiva oferecendo aos alunos uma recompensa. Além disso, Balikcioglu e Efe (2016) propõem actividades metacognitivas como elementos de motivação para a leitura.

Arici (2008) aborda o tema da motivação e da atitude sob vários ângulos, tais como o papel dos professores, a influência dos pais e a atitude dos educadores em relação à leitura. Em primeiro lugar, é abordada a importância da formação de professores qualificados, salientando o seu papel na formação de hábitos de leitura. Em segundo lugar, os pais também têm um papel a desempenhar na aproximação entre os seus filhos e os livros. Podem atuar como modelos e influenciar as atitudes dos seus filhos em relação à leitura de livros. Em terceiro e último lugar, o que os educadores pensam sobre a leitura e os hábitos de leitura é crucial para melhorar a motivação. Kirmizi (2010) atribui aos professores a responsabilidade de tornar a atividade de leitura mais atractiva. De acordo com Wildova (2014), a propensão dos professores para a compreensão e a competência no manuseamento de materiais de leitura desempenham um papel nas atitudes de leitura dos alunos. Vansteelandt et al. (2015) estabelecem uma ligação entre a compreensão da leitura e a motivação, mostrando a influência dos professores no desempenho dos alunos. Eles categorizam os professores em pré-serviço em três grupos: Professores que leem com relutância, aqueles que leem por razões sociais e aqueles que leem por razões pessoais. Centram a sua atenção nos leitores sociais, uma vez que este grupo de professores gosta de interagir com os seus potenciais alunos e de partilhar com eles as suas experiências e conhecimentos pedagógicos. Por conseguinte, espera-se que contribuam muito para melhorar os hábitos de leitura dos alunos. Morni e Sahari (2013) afirmam que o ensino da leitura pode ser concebido de forma a centrar-se nas necessidades dos alunos e a levar ao prazer da leitura.

O nível de sucesso académico é outra dimensão da motivação para a leitura. De acordo com Ozonder (2015), a motivação e a atitude dos alunos em relação à leitura estão positivamente relacionadas com o seu sucesso académico. Parte-se do princípio de que estão relacionadas com o conceito de auto-desenvolvimento. Ladipo e Gbotosho (2015) afirmam que um bom hábito de leitura conduz ao sucesso académico, salientando uma ligação entre o hábito de leitura e o sucesso académico. Do mesmo modo, Senti'irk (2015) compara estudantes universitários de diferentes níveis e conclui que os estudantes de nível superior têm uma melhor atitude em relação à leitura. De acordo com Nielen et al. (2016), os estudantes que lêem pouco e têm baixo sucesso académico criam uma espécie de preconceito em relação à leitura. Em contrapartida, os estudantes que têm sucesso académico têm uma atitude positiva em relação à leitura.

Wigfield e Guthrie (1997) explicam que a motivação para a leitura é um indicador do quanto uma pessoa lê. É constituída por várias dimensões. Salientam a influência das crenças de auto-eficácia, da motivação intrínseca e extrínseca e da motivação social na motivação para a leitura. Está mais associada à motivação intrínseca do que à motivação extrínseca. Al-Nafisah e Al-Shorman (2010) afirmam que decidir o que ler é uma fonte de motivação, uma vez que confere responsabilidade aos estudantes. Gurkan (2012) afirma que os alunos compreendem melhor os textos de leitura com os quais estão culturalmente familiarizados. Olmez (2015) refere que os alunos estão motivados para ler em inglês porque é útil. O valor extrínseco e intrínseco da leitura e o nível de proficiência em leitura dos alunos têm um impacto na motivação para ler numa língua estrangeira. Balikcioglu e Efe (2016) sugerem o aumento da diversidade para aumentar a motivação para a leitura.

Foram apresentados acima vários estudos que mostram o impacto do sucesso escolar na leitura. No entanto, Wildova (2014) defende que a relação entre a leitura e o sucesso escolar pode ser vista como recíproca. O sucesso na literacia da leitura reflete-se nas outras dimensões da educação.

1.3. Pensamento crítico e leitura crítica

O pensamento crítico pode ser visto como uma reflexão cognitiva que permite aos estudantes refletir sobre o seu desempenho e progresso académicos. É também um dos conceitos mais importantes para atingir os objectivos educativos (Ghabanchi e Behrooznia, 2014). O pensamento crítico, a compreensão e o conhecimento existente estão interligados. O conhecimento existente fornece uma base para o pensamento crítico e a compreensão. O pensamento crítico e a compreensão também estimulam o conhecimento existente (Aloqaili, 2012). O pensamento crítico alimenta a produção e o desenvolvimento da ciência. Requer também conhecimentos suficientes sobre os temas a refletir (KuQukali e Akba§, 2015). Portanto, espera-se que os candidatos a professores tenham habilidades de pensamento crítico e fatores relacionados (Akkaya, 2012).O pensamento crítico tem duas caraterísticas inter-relacionadas, como a capacidade de pensar criticamente e uma tendência intangível (Tabackova, 2015). A leitura crítica, que pode ser definida como a releitura de algo a partir de uma perspetiva ampla, também requer um processo de interação entre leituras anteriores e posteriores através da mediação do significado (Akin et al., 2015). Tabackova (2015) salienta que existe uma relação entre a leitura crítica e o pensamento crítico, e considera a leitura crítica como uma leitura eficaz que permite ao destinatário recolher informações específicas. O pensamento crítico pode ser visto como um retrocesso do que é lido. Kamgar e Jadidi (2016) apontam para uma relação positiva entre o pensamento crítico e a compreensão da leitura. Uma pessoa que tenha uma elevada capacidade de pensamento crítico tem também uma boa capacidade de compreensão da leitura. Balikcioglu e Efe (2016) afirmam que as actividades metacognitivas podem promover tanto o pensamento crítico como a compreensão da leitura. Wilson (2016) afirma que é benéfico para os alunos lerem materiais intrigantes, que estimulem a imaginação, mas que não sejam demasiado difíceis, pois estes materiais dão-lhes uma sensação de realização. Bulut (2015) afirma que existe uma relação positiva entre o ensino da leitura e o pensamento crítico. Wilson (2016), que acredita que não há apenas uma maneira de ensinar a leitura crítica, oferece o conceito de "andaime delicado", que pode ser definido como a criação de um ambiente desafiador para promover a leitura crítica, de modo que os alunos façam seu próprio significado através da leitura. Akkaya (2012, p. 800) fala da multidimensionalidade na melhoria das competências de pensamento crítico, citando como elementos importantes "o ambiente em que o indivíduo cresce, a sua educação, a família e a vizinhança, o nível educacional, a personalidade, a auto-confiança e a capacidade interpretativa". Duran e Yalgmta§ (2015) expressam que tornar-se um leitor crítico é um processo que não pode ser alcançado de uma só vez.

1.4. O papel da tecnologia

A tecnologia ocupa um lugar importante nas nossas vidas. Esta verdade também se aplica à leitura. De acordo com Ba§tug e Keskin (2012), a tecnologia tornou possível a leitura no ecrã. Al Husaini (2013) afirma que os materiais de leitura em linha são referências de leitura importantes que beneficiam os estudantes ao mais alto nível. A Internet é também uma boa fonte de material para tarefas educativas. Fojtik (2015) afirma que os livros electrónicos e os materiais de estudo disponíveis em formato eletrónico são cada vez mais frequentes. De acordo com Embong et al (2012), os livros electrónicos são úteis para os estudantes, os diretores das escolas e os pais. Permitem que os estudantes se libertem do transporte de livros. Podem ser considerados atractivos pelos alunos e motivá-los. Para os diretores de escola, estes livros contribuem para o processo de gestão. O pagamento destes livros é suportado pelos diretores das escolas, o que significa um alívio económico para os pais dos alunos. Por outro lado, Yalman (2015) afirma que alguns futuros professores ignoram os livros electrónicos apenas porque não têm conhecimentos tecnológicos suficientes para tirar partido deles. Akcay (2012) refere que os blogues podem ser úteis para desenvolver as competências de leitura e de escrita dos alunos. Rodriguez-Bravo et al. (2015) também apontam para a utilização generalizada de revistas eletrónicas em contextos académicos. Piper et al. (2016) afirmam que os níveis de leitura podem ser desenvolvidos com a ajuda da tecnologia. No entanto, a tecnologia não pode ajudar todos os alunos com baixos níveis de leitura. Por outro lado, Ba§tug e Keskin (2012) sugerem que a leitura no ecrã não é tão benéfica como a leitura de materiais impressos em termos de velocidade, precisão e compreensão. Os materiais impressos podem servir melhor como auxiliares de leitura do que os dispositivos electrónicos. Hamidon et al (2013) também tendem a limitar a utilização de dispositivos tecnológicos na leitura. Salientam que é questionável o número de estudantes com poder económico para adquirir tais dispositivos. A conetividade à Internet é outra questão potencial que também pode causar problemas.

Delgadova (2015) aprecia a utilidade e as oportunidades de acesso à informação criadas pela tecnologia. No entanto, vê a tecnologia como um elemento que inibe o progresso da literacia. Martinez e Lopez-Rio (2015) têm uma abordagem crítica quando se trata de beneficiar da tecnologia. Recusam-se a atacar a tecnologia pelos seus aspectos negativos. Os dispositivos digitais oferecem enormes oportunidades aos leitores, apesar das suas deficiências. Afirmam que, se o leitor tiver vontade de ler, pode livrar-se de todas as potenciais desvantagens da tecnologia tirando partido dos benefícios dos dispositivos tecnológicos. A responsabilidade não recai sobre os aparelhos, mas sobre os leitores.

O desenvolvimento tecnológico afecta muitas áreas da vida, incluindo as bibliotecas das instituições académicas. A publicação em ambientes electrónicos está generalizada, o que pode levar a que sejamos confrontados com um fluxo de informação que pode não ter qualidade. A adaptação das bibliotecas académicas às exigências da época pode eliminar ou minimizar os potenciais perigos. Assim, a melhoria dos sistemas de recuperação da informação pode levar a essa modernização (Odaba§, 2016). As bibliotecas são instituições que têm como objetivo a formação de hábitos de leitura. Podem ser enriquecidas em termos de variedade de materiais de leitura e actualizadas de acordo com as condições actuais para incentivar o gosto pela leitura dos estudantes (§ahin et al., 2009).

1.5. Razões para ler

Dado o facto de vivermos numa sociedade da informação, o acesso à informação pode ser considerado vital para todos os membros da comunidade. Por conseguinte, a leitura tem um elevado valor na aquisição e produção de conhecimento (Delgadova, 2015). Ozonder (2015) efectua uma investigação sobre estudantes de ELT e afirma que a razão mais importante para estes estudantes lerem é a ideia de melhorarem as suas competências linguísticas. Dogan (2014) afirma que os candidatos a professores lêem por razões académicas, sociais e pessoais. As razões académicas incluem a aquisição de conhecimentos e a melhoria da proficiência linguística e das capacidades de pensamento crítico e criativo. As razões sociais incluem o desenvolvimento de diferentes pontos de vista, a pertença a uma comunidade, o desenvolvimento da empatia e a compreensão dos outros. As razões pessoais incluem o reforço da identidade, a regulação da vida, a recreação e o prazer. Al-Nafisah e Al-Shorman (2010) afirmam que os alunos lêem devido a factores sociais e ao seu desejo de beneficiar do conhecimento que podem encontrar numa variedade de fontes. Em termos de motivos para ler, Raissi e Roustaei (2013) falam do conceito de aldeia global e associam a leitura em inglês a vários motivos, como o prazer, as oportunidades educativas, a utilização da Internet e as viagens. Dogan (2014) fala de conhecimentos culturais, profissionais e disciplinares como qualidades que um professor deve possuir. As razões para ler mencionadas acima promovem essas qualidades.

É possível criar uma lista de razões para ler. No entanto, existem também algumas razões potenciais para não ler. Ronkova e Wildova (2015) culpam a família pela leitura ou não leitura. Consideram que as crianças pequenas lêem mais do que as crianças mais velhas. À medida que envelhecem, tendem a ler coisas mais divertidas. Afirmam também que os problemas económicos e a falta de tempo impedem as pessoas de ler.

1.6. Hábitos de leitura e factores eficazes

A formação de hábitos de leitura pode ser considerada um objetivo educativo indispensável para a aquisição de conhecimentos (Bartosova et al., 2015). É importante que os professores estejam conscientes dos elementos que influenciam os hábitos de leitura e as escolhas de leitura dos seus alunos, uma vez que isso lhes permite tomar as decisões pedagógicas corretas (Lee, 2012). São vários os factores que influenciam os hábitos de leitura. Mommaerts (2017) centra-se no papel dos professores na formação de hábitos de leitura. Bartosova et al. (2015) centram-se na influência do ambiente educativo, que consiste principalmente no papel dos professores, na formação de hábitos de leitura. Alivernini et al. (2011) concluem que o hábito de leitura está relacionado com os factores do ambiente doméstico, as atitudes de leitura dos alunos e as suas crenças sobre si próprios, que são de grande importância para a formação do hábito de leitura. Sugerem ainda que os factores relacionados com as escolas e os professores têm pouca influência na aquisição de hábitos de leitura. Wildova e Kropackova (2015) apontam para o papel da primeira infância no desenvolvimento da leitura, a par da personalidade e da motivação. Apontam também para a influência de um irmão mais velho na base da leitura. Nachmani (2015) defende que a família pode funcionar como uma fonte de literacia na primeira infância. Roman e Pinto (2015) consideram a influência da família na formação de valores. As crianças tentam imitar a forma como os seus familiares percecionam o seu ambiente. A forma como as famílias abordam a leitura é um modelo para os seus filhos. Se o valor da leitura for apreciado na família, é mais fácil para as crianças desenvolverem um hábito de leitura. Ronkova e Wildova (2015) acreditam que a leitura pode ser melhor promovida numa idade precoce em conjunto com a contribuição da família. Para além da escola e da família, Bulut (2015) também inclui os meios de comunicação social, o ambiente e as ferramentas de comunicação na leitura por prazer e na formação de hábitos de leitura nas nossas vidas. Akarsu (2014) afirma que o sucesso da leitura depende do quanto uma pessoa lê e da sua motivação para ler. As diferenças individuais podem ser decisivas para a competência de leitura. Alivernini et al. (2011) salientam a grande parte dos recursos educativos na literacia em leitura, enquanto os recursos económicos representam apenas uma pequena parte. Qelik et al. (2015) salientam que fornecer aos alunos textos bem estruturados pode ajudar a manter os hábitos de leitura e a compreensão da leitura.

Mebarki (2011) afirma que o desempenho da leitura numa língua estrangeira pode ser influenciado por vários factores, como o conhecimento do vocabulário, a coesão e a compreensão. De acordo com Cimermanova (2015), a leitura regular pode levar à eliminação de problemas linguísticos. É também importante que a leitura seja compreensível e autêntica para apoiar a melhoria da capacidade de leitura. Nachmani (2015) aborda os factores culturais na leitura numa língua estrangeira, para além dos factores escolares e dos decisores políticos. Shiralipour et al (2011) abordam o tema dos factores de leitura na perspetiva do bilinguismo. Afirmam que a língua falada em casa e utilizada na escola pode desempenhar um papel importante na realização da leitura.

Alivernini e Manganelli (2015) salientam que é importante começar a ler numa idade jovem, uma vez que a educação pré-escolar é benéfica para o desenvolvimento da leitura. De acordo com Ronkova e Wildova (2015), o hábito de leitura forma-se durante os anos do ensino primário. Mesmo que se perca com o tempo, reaparece a longo prazo.

1.7. Estratégias de leitura

Manoli e Papadopoulou (2014) salientam a importância de ensinar estratégias de leitura aos alunos de inglês como segunda língua para que estes possam compreender o significado do material de leitura. Raissi e Roustaei (2013) sublinham a importância da leitura no nosso tempo e esperam que os professores conheçam estratégias de leitura e as ensinem aos seus alunos.

Kiici'ikoglu (2013) salienta a necessidade de os professores ensinarem estratégias de leitura eficazes e de as ensinarem aos alunos. Manoli e Papadopoulou (2014) também consideram a questão problemática, pois reconhecem uma falta generalizada de ensino de estratégias de leitura no seu país. Maarof e Yaacob (2011) aconselham os professores a observar os seus alunos para obter informações sobre a utilização que fazem das estratégias. Sugerem também a criação de um ambiente de cooperação entre os alunos para incentivar o desenvolvimento dos leitores fracos com a ajuda dos bons leitores. Nordin et al. (2013) sugerem que os professores adaptem as estratégias que os bons leitores utilizam para que os outros alunos beneficiem delas e incentivem os leitores fracos a experimentar as estratégias comprovadas. Razi e Cubukcu (2014) afirmam que os professores também podem ser modelos no ensino de estratégias de leitura. Incentivar a utilização destas estratégias em contextos não académicos pode permitir que os alunos as utilizem numa variedade de situações. Por outro lado, Kirmizi (2010) refere que, apesar da sua importância para a literacia, pode ser ilusório associar o sucesso da leitura apenas às estratégias de leitura, uma vez que pode depender de uma variedade de factores. Por exemplo, os alunos que gostam de ler e passam muito tempo a fazê-lo tentam aprender mais com estratégias de leitura.

Mebarki (2011) considera a estratégia como uma resposta deliberada aos problemas locais de um material de leitura. Os educadores podem ensinar estratégias de leitura diretamente. Parte-se do princípio de que os professores estão conscientes das diferentes dimensões das caraterísticas dos alunos e podem fazer os ajustes necessários de acordo com os seus alunos. É preciso muito tempo e um esforço contínuo para melhorar a leitura. Maasum e Maarof (2012) consideram o conhecimento estratégico como metacognição e salientam a sua importância para o sucesso da leitura. De acordo com Zhussupova e Kazbekova (2016), a metacognição pode ser vista como a base para outras estratégias de compreensão da leitura. Albeckay (2014) afirma que o desenvolvimento das estratégias de leitura dos alunos depende do quanto eles praticaram. Cogmen e Saracaloglu (2009) afirmam que os alunos compreendem melhor os materiais académicos quando sabem como, quando e em que condições devem aplicar estratégias de leitura. Nordin et al. (2013) mostram que a compreensão de um texto depende, em grande medida, do facto de se utilizar a estratégia de leitura adequada no processo de prática da leitura. Desta forma, os alunos desenvolvem a sua capacidade de compreensão de um texto, tornam-se bons leitores e contribuem para o aumento do seu sucesso académico. Prevêem também que os alunos que aprendem inglês como segunda língua utilizem actividades de pré-leitura, durante a leitura e pós-leitura. Balikcioglu e Efe (2016) mostram que a inclusão de actividades metacognitivas nas actividades de pré-leitura pode evitar o achatamento do curso. Hamidon et al. (2013) descrevem a releitura como a fase final do ensino da leitura, que tem por objetivo confirmar a compreensão dos alunos ( ), reter a mensagem do texto, melhorar a compreensão e facilitar a recordação. Nordin et al. (2013) afirmam que os bons leitores prestam mais atenção às actividades de pós-leitura do que os maus leitores. Esta pode ser uma das razões que fazem a diferença entre eles. Akkaya e Demirel (2012) acreditam que fazer perguntas após a leitura promove a compreensão da leitura. Desta forma, os alunos têm a oportunidade de relacionar os seus conhecimentos existentes com os novos conhecimentos e desenvolver a sua imaginação, pensamento crítico e criatividade. No entanto, neste ponto, chamam a atenção para um problema importante relativo à qualidade das perguntas. Consideram que as perguntas que incidem ao nível da análise, da síntese e da avaliação são válidas, uma vez que este tipo de perguntas se situa num nível cognitivo elevado. Por outras palavras, são mais úteis quando se trata de comparar informação antiga e nova, de chegar a um juízo e de produzir nova informação. As perguntas sobre a compreensão, o conhecimento e a aplicação, por outro lado, só são úteis para recordar. Em termos de facilitação da compreensão, Azizifar et al. (2015) sublinham a importância de fazer perguntas antes da leitura. Afirmam que estas perguntas facilitam a compreensão da leitura, fornecendo conhecimentos de base sobre o texto.

Geladari et al. (2010) afirmam que as estratégias de leitura podem ser utilizadas para simplificar a leitura e eliminar as limitações na compreensão da leitura. A estratégia de leitura "skimming" pode ser benéfica para apreender rapidamente informações, obter uma visão geral do texto que está a ser lido e compreender a estrutura do texto. A leitura de relance pode ser boa para sublinhar determinadas informações. Palavras, frases ou conteúdos desconhecidos, complicados e vagos podem ser realçados e sublinhados. A releitura também é frequentemente utilizada por leitores competentes. A adivinhação do significado, a separação das palavras em partes e a utilização de dicionários podem ser utilizadas durante as sessões de leitura para dominar novas palavras cujo significado os alunos não conhecem. A auto-observação, a autoavaliação e a auto-correção podem ser utilizadas pelos alunos como estratégias metacognitivas. Os bons leitores beneficiam mais das estratégias de leitura do que os maus leitores, uma vez que podem ser mais resilientes nas estratégias cognitivas e metacognitivas. Maasum e Maarof (2012) acreditam que as estratégias de leitura metacognitivas, que dão aos alunos um sentido de propósito, podem ser utilizadas para planear, organizar e avaliar o desempenho académico dos alunos. Através das estratégias de leitura metacognitivas, os alunos podem refletir sobre o seu processo de leitura, monitorizar a sua compreensão, organizar estratégias, avaliar a sua utilização de estratégias e ajustar as suas preferências estratégicas, se necessário. Yuksel e Yuksel (2012) sublinham a importância da consciência metacognitiva, considerando-a um conceito-chave na leitura académica. Sarigoban e Behjoo (2017) afirmam que uma elevada consciência metacognitiva está associada ao desempenho académico e ao sucesso da leitura em inglês.

Yuksel e Yuksel (2012) abordam as estratégias metacognitivas de leitura examinando os seus componentes, nomeadamente as estratégias globais, as estratégias de resolução de problemas e as estratégias de apoio. Pammu et al. (2014, p. 361) definem as estratégias globais como "um conjunto de estratégias de leitura destinadas a analisar globalmente os textos, tais como determinar o objetivo da leitura, pré-visualizar o texto e determinar o que ler e o que ignorar". Yuksel e Yuksel (2012, p. 897) apresentam uma lista exemplificativa de estratégias globais:

Determinar o objetivo da leitura, utilizar conhecimentos prévios, ler o texto em voz alta antes de o ler, verificar se o conteúdo do texto corresponde ao objetivo da leitura, folhear o texto para identificar caraterísticas do texto, identificar o texto a ler, utilizar caraterísticas do texto, utilizar pistas contextuais, utilizar ajudas tipográficas, avaliar criticamente o que foi lido, resolver informações contraditórias, prever ou adivinhar o significado do texto, confirmar previsões.

As estratégias de resolução de problemas podem ser descritas como "um conjunto de estratégias de leitura destinadas a resolver problemas de compreensão na leitura, tais como ajustar a velocidade de leitura ou olhar mais atentamente para um texto de leitura" (Pammu et al., 2014, p. 362). Yuksel e Yuksel (2012, p. 897) apresentam exemplos de estratégias de resolução de problemas, tais como "ler lenta e cuidadosamente, tentar concentrar-se na leitura, ajustar a velocidade de leitura, prestar muita atenção durante a leitura, fazer pausas e pensar na leitura, visualizar a informação a ser lida, reler para uma melhor compreensão, adivinhar o significado de palavras desconhecidas". Pammu et al. (2014, p. 361) explicam a estratégia de apoio como

uma série de estratégias que abordam a utilização de materiais de referência externos para apoiar a compreensão da leitura, tais como resumir informações importantes, utilizar dicionários e tomar notas. Yuksel e Yuksel (2012, p.897) também abordam

estratégias de apoio, tais como "tomar notas durante a leitura, ler em voz alta quando o texto se torna difícil, resumir a informação do texto, discutir o que leram com outros, sublinhar a informação no texto, utilizar materiais de referência, parafrasear para melhor compreensão, ir e voltar no texto, fazer perguntas a si próprios". Sarigoban e Behjoo (2017) consideram as estratégias de apoio como uma forma de permitir que os alunos compreendam e recordem melhor. Nos seus estudos, Sarigoban e Behjoo (2017) e Yuksel e Yuksel (2012) apontam para a elevada taxa de preferência das estratégias de resolução de problemas na leitura académica, porque estas estratégias criam oportunidades para lidar com os problemas. Sarigoban e Behjoo (2017) acrescentam que essa prática na leitura pode mesmo levar a tornar-se um leitor proficiente, crítico e entusiasta. Por outro lado, as estratégias globais ajudam os alunos a construir objectivos de leitura. Kocaman e Be§karde§ler (2016) aconselham os alunos a utilizar estratégias globais quando lêem para um objetivo específico.

Manoli e Papadopoulou (2012) afirmam que os alunos podem utilizar estratégias de leitura por diferentes razões quando confrontados com textos. De acordo com Yukselir (2014), as estratégias de leitura produzem resultados diferentes consoante quem as utiliza e por que razões. Os professores podem melhorar a compreensão dos seus alunos quando lêem textos académicos em inglês, conhecendo as estratégias de leitura que os seus alunos utilizam e fornecendo-lhes estratégias aplicáveis. Marzban e Akbarnejad (2013) investigaram estratégias de leitura cooperativa e concluíram que são úteis para promover o desempenho académico e desenvolver sentimentos positivos em relação à aprendizagem. Raissi e Roustaei (2013) também concluíram que as estratégias de leitura são úteis para melhorar a auto-eficácia. A sensibilização para as diferentes estratégias de leitura também aumenta o desempenho cognitivo dos alunos e permite-lhes processar os textos sem problemas. Manoli e Papadopoulou (2014) referem o contributo das estratégias de leitura para a aprendizagem autónoma. Akkaya (2012) vê a utilização de estratégias de leitura como um indicador da utilização de competências de pensamento crítico. Kirmizi (2010) vê a formação de um hábito de utilização de estratégias de leitura como um processo que leva muito tempo em .

Maarof e Yaacob (2011) realizaram um estudo sobre as estratégias de leitura mais comuns utilizadas pelos estudantes malaios e concluíram que os estudantes utilizam várias estratégias de leitura, tais como folhear o texto para apreender o significado global, abrandar para ler as partes difíceis do material de leitura, auto-motivar-se para continuar a ler as partes difíceis, concentrar-se no que leram, colaborar com outros estudantes para apreender o significado do texto e pedir ajuda ao professor sob a forma de feedback e explicações. Chamam também a atenção para a decisão dos professores de utilizarem a estratégia correta quando lêem numa segunda língua para os seus alunos. Defendem que a tomada de notas, as imagens mentais durante a leitura, a utilização de fontes de referência e o resumo do conteúdo após a leitura não são preferidos pelos alunos se as suas competências em língua estrangeira forem insuficientes. Do mesmo modo, Mehrdad et al. (2012) afirmam que as estratégias de leitura utilizadas durante a leitura de um texto em língua estrangeira podem influenciar os alunos consoante o seu nível de proficiência linguística. Assim, os alunos com baixo nível de proficiência apresentam uma menor consciência estratégica.

Capítulo 3 METODOLOGIA

1.8. Padrões de investigação

O estudo foi um estudo de caso. Trata-se de um estudo qualitativo que tem por objetivo descrever os hábitos e interesses de leitura dos estudantes de ELT.

1.9. Exemplo de investigação

Havia muitos alunos a estudar no Departamento de Ensino da Língua Inglesa (ELT) na Universidade Atatürk, na província turca de Erzurum. Era impossível chegar a todos estes estudantes e encontrá-los individualmente. Por esta razão, foi utilizado um método de amostragem aleatório. A amostra do estudo era constituída por 15 alunos de ELT que estudavam no departamento de ELT da Universidade Atatürk no ano letivo de 20162017 e que estavam dispostos a participar no estudo. Os participantes deram o seu consentimento informado. Os candidatos a professores de inglês que foram incluídos no estudo eram 6 do sexo masculino e 9 do sexo feminino, de todos os níveis de ensino, desde alunos do primeiro ciclo até alunos do último ano, com diferentes idades.

1.10. Recolha de dados

Foi utilizado um formulário de entrevista como instrumento de recolha de dados. As perguntas do formulário de entrevista foram determinadas através da obtenção de opiniões de peritos. Foi efectuada uma entrevista preliminar com um estudante e as perguntas foram finalizadas. O aluno que participou na entrevista preliminar não foi incluído na amostra do estudo. Cinco perguntas relacionadas com os hábitos de leitura foram definidas pelo investigador e dirigidas a cada um dos participantes. Antes da recolha de dados, foram obtidas as autorizações necessárias junto da instituição. Os dados foram recolhidos entre 29 de janeiro e 30 de março de 2016 no Departamento de ELT da Universidade Atatürk. Foi utilizado o método de entrevista em profundidade para a recolha de dados. Foi realizada uma entrevista semiestruturada, na qual foram feitas perguntas adicionais aos candidatos a professores, conforme necessário. As entrevistas tiveram uma duração média de quase 30 minutos para cada participante.

1.11. Análise de dados

As entrevistas foram gravadas pelo investigador e convertidas em texto para efeitos de análise dos dados. Antes de codificar os dados, procurou-se desenvolver uma perspetiva integradora através da leitura de cada frase. O método de análise de conteúdo foi utilizado para analisar os dados. Cada resposta dos candidatos a professores foi interpretada agrupando-as de acordo com as suas semelhanças. Foram dadas diretamente três respostas a cada pergunta. De acordo com o objetivo do estudo, foram identificados 5 temas para a investigação, que foram explorados na secção de resultados.

Capítulo 4 INSTALAÇÕES

Tópico 1 Opiniões sobre hábitos de leitura e sua importância

A maioria dos participantes reconhece a importância do hábito de leitura. Consideram-no como uma base para aceder à informação. Afirmam que é benéfico para fins educativos e de desenvolvimento, uma vez que facilita a aprendizagem, promove o desenvolvimento pessoal, melhora o pensamento crítico, ajuda as pessoas a adquirir perspectivas diferentes, apresenta uma vasta gama de elementos linguísticos, influencia as atitudes das pessoas e é benéfico para os professores. Pode mesmo contribuir para a socialização dos indivíduos, reforçando a sua auto-confiança. A leitura é um hábito que deve ser iniciado desde tenra idade. Caso contrário, quando as pessoas gostarem de ler, poderá ser demasiado tarde.

Aluno 1: *"Acho que a leitura deve ser aprendida numa idade precoce. Porque acho que é importante desenvolver todos os hábitos na infância. Penso que o hábito da leitura é muito importante porque é talvez a forma mais fácil de obter informação."*

Aluno 4: *"Na minha opinião, é um hábito que toda a gente devia todos deviam ter desde tenra idade. Porque, um livro que lemos pode provocar muitas mudanças em nós. Acho que normalmente leva a mudanças positivas. Por isso, toda a gente devia ler um livro. É importante porque podemos desenvolver-nos através da leitura".*

Aluno 9: *"Na minha opinião, o hábito da leitura é importante. Porque acho que contribui tanto para a aprendizagem como para o ensino. Acho que toda a gente devia ler livros, revistas e publicações científicas. Alarga os horizontes das pessoas e melhora o seu vocabulário. Aumenta o nível de educação e ajuda as pessoas a mudar os seus pontos de vista.*

Tema 2: Tempo despendido com o hábito de leitura

Verificou-se que os alunos podem ler, em média, quase 9 horas por semana.

Aluno 1: *"Tento ler pelo menos uma hora por dia. Posso ler durante uma hora durante o horário escolar. Assim, posso ler 7 horas por semana na escola e nos meus tempos livres posso aumentar para 10 horas por semana.*

Aluno 12: *"Como sou um aluno mais velho, não tenho muito tempo para ler. Mas no meu tempo livre posso dedicar-lhe 7 horas por semana. Por causa da minha carga horária pesada, não posso passar muito tempo a ler.*

Aluno 15: *"Levo pelo menos 4 horas a ler. Porque os trabalhos e as apresentações feitas na escola assim o exigem."*

Tópico 3: As fontes de leitura que os estudantes utilizam habitualmente

As fontes de leitura que utilizam são os livros impressos que compraram ou que retiraram das bibliotecas e da Internet. Escolhem sobretudo os livros comprados porque podem desenhar ou tomar notas nos seus próprios livros.

Também preferem os livros das bibliotecas porque há um grande número de opções. A razão pela qual preferem os livros impressos à Internet é o facto de quererem sentir o livro e a Internet poder prejudicar os seus olhos e conter informações enganadoras.

Aluno 1: *"Em geral, prefiro comprar livros. Por outras palavras, gosto de materiais impressos. Prefiro ser eu a adquirir os livros em vez de os ir buscar à biblioteca. Ler em papel é mais fácil porque acho que é mais difícil ler num ecrã na Internet. Acho que o facto de seguir as frases e a grande quantidade de luz são cansativos".*

Aluno 4: *"Gosto muito dos livros da biblioteca. Não prefiro ler na Internet porque não dá a sensação de estar a ler um livro. Na minha opinião, é mais agradável sentir um livro. Na Internet, não sinto que esteja realmente a ler um livro."*

Aluno 7: *"Às vezes, vou buscar livros à biblioteca, mas normalmente compro os meus próprios livros porque não gosto da Internet. Porque os livros impressos são mais cómodos. Posso desenhar as partes que gosto no livro e tomar notas. A Internet, por outro lado, cansa os olhos. Não dá vontade de ler, mas os livros impressos são melhores. Posso desenhar e tomar notas de que gosto".*

Tópico 4 Factores motivadores e desmotivadores

Os participantes gostam de ler, mas têm dificuldade em encontrar tempo suficiente para o fazer. Afirmam que têm de gerir uma carga horária pesada, que não existem locais suficientes para ler e que o preço dos livros pode ser elevado. Também afirmam que o atrativo do material de leitura, a ideia de auto-desenvolvimento, o seu desejo de aprender e os conselhos dos instrutores os motivam.

O tempo que passam ao telemóvel e à Internet e a falta de espaços de leitura impedem-nos de ler.

Aluno 7: *"Se o meu professor preferido me recomendar algo, devo mesmo ler o livro. Se o livro é importante para mim e penso que me vai ser útil, isso motiva-me. As opiniões negativas sobre um livro . Os ambientes ruidosos também dificultam a minha leitura. Caso contrário, consigo ler em condições adequadas".*

Aluno 12: "*A atratividade do material motiva-me. Um curso barulhento e muito tempo na Internet são os factores que me impedem de ler.*

Aluno 14: *"Os factores desmotivantes são o telefone, a Internet e o computador. Estes factores impedem-me de ler. Normalmente leio muito, mas não consigo ler por causa destes factores. No que diz respeito aos factores motivadores, leio o livro se tiver um conteúdo fluido."*

Tópico 5 Os tipos de livros ou temas de que os alunos gostam ou não gostam particularmente

Não gostam de livros que tratem de acontecimentos irreais e que tenham um conteúdo aborrecido. Preferem livros que contenham acontecimentos aventureiros e realistas e material académico que permita o desenvolvimento pessoal e crítico.

Aluno 1: *"Não gosto de ficção científica e fantasia. Livros. Porque não me atraem, porque estão muito longe da realidade. Gosto de livros que tratam do desenvolvimento pessoal. Interesso-me por livros que tratam de melhorar as pessoas".*

Aluno 7: *"Geralmente gosto de ler romances. Não gosto de ler livros históricos. Acho este tipo de livros aborrecido. Gosto muito dos acontecimentos que são quotidianos e que podem acontecer."*

Aluno 11: *"Não há um tipo específico de livro que me interesse. Mas se houver um tema que desperte o meu interesse, posso lê-lo. O meu estado na altura determina esses temas".*

Capítulo 5 DISCUSSÃO

Todos os participantes têm uma atitude positiva em relação à leitura e reconhecem a importância do hábito de ler. Consideram a leitura como um hábito útil que deve ser iniciado na infância. Acima de tudo, salientam as vantagens da leitura, referindo os benefícios educativos, individuais e sociais. Tendo em conta o seu potencial impacto nos seus alunos, é de salientar que os participantes, que são os educadores do futuro, estão sensibilizados para os hábitos de leitura. Em consonância com o presente estudo, Roca e Rius (2015) abordam a importância da leitura na sociedade e na educação. Falam também da socialização da leitura, que faz com que os leitores se sintam parte de um grupo, e dos aspetos positivos da leitura. Al Husaini (2013) afirma que os alunos estão conscientes da importância da leitura. No entanto, não põem em prática essa consciência. Karadeniz e Can (2015) afirmam que o hábito de leitura é um fator que promove o pensamento crítico. Yusof (2010) menciona a influência dos pais na formação de hábitos de leitura. Em contraste com este estudo, Odaba§ et al. (2008) afirmam que o hábito de leitura também pode ser formado em anos posteriores.

O estudo mostra que os participantes podem ler, em média, quase 9 horas por semana. Isto pode ser aceitável, mas como os participantes são estudantes universitários, é de esperar que tenham uma capacidade intelectual elevada e leiam mais. Em geral, os participantes culpam a utilização excessiva da Internet e dos computadores, a carga horária pesada dos cursos e as tarefas escolares que lhes são atribuídas pelo seu tempo médio de leitura. Do mesmo modo, Karadeniz e Can (2015) consideram que os trabalhos escolares e a Internet são factores que reduzem o tempo de leitura. Odabas et al. (2008) afirmam ( ) que os estudantes leem pouco porque desperdiçam o seu tempo com o uso desnecessário de dispositivos tecnológicos. Afirmam ainda que a carga de trabalho e as razões económicas desencorajam os estudantes de ler.

Os participantes preferem os materiais impressos aos produtos técnicos, que consideram potencialmente nocivos para os olhos e enganadores. Dão valor ao facto de sentirem um livro. Têm também tendência para utilizar os materiais que possuem em vez de os obterem nas bibliotecas. Afirmam que este tipo de material lhes dá conforto quando o utilizam. Parece que preferem ser livres durante a leitura. Erdem (2015) também afirma que os estudantes compram livros para os ler. Odabas et al (2008) afirmam que os estudantes não gostam de utilizar as bibliotecas. Por outro lado, alguns dos participantes apreciam os livros nas bibliotecas, uma vez que lhes proporcionam uma variedade de oportunidades. Yusof (2010) afirma que muitos estudantes dependem das bibliotecas para obter materiais de leitura. Al Husaini (2013) também refere que os estudantes universitários preferem maioritariamente as brochuras como material de leitura. Isto deve-se ao facto de as brochuras lhes fornecerem os conhecimentos de que necessitam. Em contraste com este estudo, Zorba (2013) afirma que a Internet é uma ferramenta que facilita o acesso a material de leitura. Fojtik (2015) afirma que muitos estudantes utilizam livros electrónicos e aplicações móveis, que, na sua opinião, proporcionam melhores oportunidades de aprendizagem. De acordo com Embong et al (2012), a utilização de livros electrónicos está a aumentar. No entanto, estes não substituem os materiais impressos. Podem apenas servir de fonte suplementar para os materiais impressos.

O estudo concluiu que os participantes gostam de ler. No entanto, sofrem de vários problemas que os impedem de ler, tais como locais de leitura inadequados, ambientes ruidosos e perda de tempo com dispositivos técnicos. Assim, pode dizer-se que se queixam das condições que perturbam a sua concentração. Por outro lado, as suas ideias de desenvolvimento, as sugestões dos seus professores e o conteúdo dos materiais de leitura podem motivá-los para a leitura. Odabas et al (2008) afirmam que ver televisão, usar computadores e ouvir música impedem os alunos de ler. Erdem (2015) afirma que as tarefas escolares e a utilização de dispositivos electrónicos desmotivam os alunos para a leitura. Al Husaini (2013) argumenta que os alunos não conseguem ler devido a obstáculos decorrentes da escola, do tempo e da fonte de leitura. De acordo com Yusof (2010), os pais podem desempenhar um papel na motivação para a leitura. Arici (2008) afirma que os professores e os pais podem desempenhar um papel importante na formação de hábitos de leitura e na motivação dos alunos. De acordo com Ladipo e Gbotosho (2015), o desempenho escolar pode ter influência no desenvolvimento do interesse pela leitura.

O estudo mostra que a escolha do material de leitura é determinada pelo conteúdo do material. Também se pode deduzir das entrevistas que a idade é um fator importante para as preferências dos participantes. Yusof (2010) refere a experiência de leitura em casa como um fator eficaz na seleção do material de leitura. Pehlivan, Serin e Serin (2010) consideram o género e o nível socioeconómico nos interesses de leitura dos estudantes e mostram que estes dois factores podem desempenhar um papel nos interesses de leitura das pessoas.

Capítulo 6 CONCLUSÃO

Neste estudo, verificou-se que todos os participantes apreciam e demonstram uma grande consciência do valor do hábito de leitura e da importância de o iniciar numa idade jovem. Considerando a importância da leitura, focam os benefícios da leitura em termos de educação, aspectos individuais e sociais. Afirmam também que o seu tempo de leitura é influenciado por vários factores, como a quantidade de tempo passado na Internet ou no telemóvel, o elevado número de cursos e de trabalhos escolares que têm de realizar. Os participantes preferem o material impresso à Internet. Consideram que a leitura num ecrã pode ser cansativa e pouco saudável para os seus olhos. Também sofrem de um sentimento de insegurança em relação aos conhecimentos disponíveis na Internet. Acreditam que pode ser enganador para eles. Valorizam mais a posse do material de leitura do que o empréstimo em bibliotecas. São motivados para a leitura pelas suas ideias de auto-desenvolvimento, pelo conteúdo do material de leitura e pelos conselhos dos seus professores. Por outro lado, a sua motivação para a leitura diminui com locais de leitura inadequados, o ruído à sua volta e os dispositivos técnicos. O conteúdo do material de leitura é o fator que mais influencia a escolha do material de leitura.

De acordo com os resultados deste estudo, podem ser feitas várias sugestões. Por exemplo, as pessoas devem ser encorajadas a adquirir o hábito da leitura desde tenra idade. A utilização de aparelhos electrónicos dentro e fora da sala de aula deve ser regulamentada. Os alunos devem dispor de locais de leitura suficientes e mais confortáveis. A leitura pode ser mais integrada nos cursos e nos trabalhos escolares. Os professores podem orientar os seus alunos para sítios fiáveis na Internet ( ) para os proteger de fontes fraudulentas.

REFERÊNCIAS

Akarsu, O. (2014). Reading Achievement in Foreign Language, *Ataturk Universitesi Sosyal Bilimler Enstitusu Dergisi,* 18 (3): 209-216.

Akcay, A. (2012). The views of Turkish language teachers about blogs, *Procedia - Social and Behavioural Science*, 46, 1654 - 1657.

Akin, F., Koray, O, e Tavukgu, K. (2015). How effective is critical reading in the understanding of scientific texts?, *Procedia - Social and Behavioural Sciences*, 174, 2444 - 2451.

Akkaya, N. (2012). The relationship between teacher candidates' critical thinking skills and their use of reading strategies, *Procedia - Social and Behavioural Sciences*, 47, 797 - 801.

Akkaya, N. e Demirel, M. V. (2012). Teacher candidates' use questioning skills in during- reading and post reading strategies, *Procedia - Social and Behavioural Sciences*, 46, 4301 - 4305.

Albeckay, E. M. (2014). Developing Reading Skills through Critical Reading Programme among Undergraduate EFL Students in Libya, *Procedia - Social and Behavioral Sciences*, 123, 175 - 181.

Al Husaini, Z. A. E. (2013). Conhecimento, atitude e prática de hábitos de leitura de estudantes de medicina do sexo feminino, Universidade de Taibah, *Journal of Taibah University Medical Sciences,* 8(3), 192-198.

Alivernini, F., Lucidi, F., Manganelli, S. e Leo, I. D. (2011). A map of factors influencing reading literacy across European countries: direct, indirect and moderating effects, *Procedia Social and Behavioural Sciences*, 15, 3205-3210.

Alivernini e Manganelli (2015). A Multilevel Structural Equation Model Testing the Influences of Socio-Economic Status and PrePrimary Education on Reading Literacy in Italy, *Procedia - Social and Behavioural Sciences*, 205, 168 - 172.

Al-Nafisah, K. A. e Al-Shorman, R. A. (2010). Saudi EFL students' reading interests, *Journal of King Saud University - Languages and Translation*, 23, 1-9.

Aloqaili, A. S. (2012). The relationship between reading comprehension and critical thinking: A theoretical study, *Journal of King Saud University - Languages and Translation*, 24, 35-41.

Alrwele, N. S. (2015). Eficácia de um programa de formação em Algumas Estratégias de Autogestão no Desenvolvimento da Compreensão da Leitura em Língua Inglesa e na Autopercepção do Leitor de Estudantes do 11° Ano do Sexo Feminino, *Procedia - Ciências Sociais e Comportamentais, 177, 71 - 76.*

Arici, A. F. (2008). Tendências de leitura de professores *em formação: Implicações para a promoção da Reading, American Journal of Applied Sciences, 5 (6), 645-652.*

Azizifar, A., Roshani, S., Gowhary, H. e Jamalinesari, A. (2015). The Effect of Prereading Activities on the Reading Comprehension Performance of Ilami High School Students, Procedia - Social and Behavioural

Sciences, 192, 188 - 194.

Balikcioglu, G. e Efe, T. (2016). The Role of *Metacognitive Activities on University Level* Preparatory Class EFL Learners' Reading *Comprehension, Procedia - Social and Behavioural Sciences, 232, 294 - 299.*

Bartosova, I. K., Plovajkova, A. e Podnecka, T. (2015) . Desenvolvimento de competências de leitura com base no trabalho de manuais escolares (workbooks), *Procedia - Social and Behavioural Sciences*, 171, 668 - 679.

Bastug, M. e Keskin, H. K. (2012). Okuma Becerilerinin Okuma Ortami Acisinclan Karsilastinlmasi: Ekran mi kagit mi?, *Ataturk Universitesi Sosyal Bilimler Enstitusu Dergisi,* 16, (3): 73-83.

Bulut, M. (2015). Os efeitos da leitura funcional na vida individual e social, *Academic Journals*, 10 (4), 462-470.

Cimermanova, I. (2015). Using comics with novice EFL readers to develop reading literacy, *Procedia - Social and Behavioural Sciences*, 174, 2452 - 2459.

Cogmen, S. e Saracaloglu, A. S. (2009). Students' use of reading strategies in the faculty of education, *Procedia Social and Behavioural Sciences*, 1, 248-251.

Qelik, T., Demirgunes, S. e Fidan, D. (2015). Okur Dostu Metin Olma Ozelligi ile Okudugunu Anlama Basarisi Arasindaki iliskinin incelenmesi, *Baskent University Journal of Education,* 2(1), 115-122.

Delgadova, E. (2015). Reading literacy as one of the most significant academic competencies for the university students, *Procedia - Social and Behavioural Sciences, 178,* 48 - 53.

Dogan, B. (2014). Razões dos futuros professores: a importância da leitura de um livro, *BiLGi DUNYASI,* 15 (1): 159-175.

Dolezalova, J. (2015). Competências dos professores e dos alunos-professores para o desenvolvimento da literacia da leitura, *Procedia - Social and Behavioural Sciences*, 171, 519 - 525.

Duran, E. e Yalcintas, E. (2015). Revisão do ensino da leitura crítica nas escolas primárias, *Procedia - Social and Behavioural Sciences*, 174, 1560 - 1566.

Embong, A. M., Noor, A. M., Hashim, H. M., Ali,R. M. e Shaari, Z. H. (2012). E-books as textbooks in the classroom, *Procedia - Social and Behavioural* Sciences, 47, 1802 - 1809.

Erdamar, G. K. e Demirel, H. (2009). The library use habits of student teachers, *Procedia Social and Behavioural Sciences,* 1, 2233-2240.

Erdem, A. (2015). Um estudo sobre os hábitos de leitura dos estudantes universitários: (Amostra de Ankara University and Erciyes University), *Procedia - Social and Behavioural Sciences,* 174, 39833990.

Fojtik, R. (2015). Ebooks and mobile devices in education, *Procedia - Social and Behavioural Sciences*, 182, 742 - 745.

Geladari, A., Griva, E. e Mastrothanasis, K. (2010). A record of bilingual primary school students' reading strategies in Greek as a second language, *Procedia Social and Behavioural Sciences*, 2, 3764-3769.

Ghabanchi, Z. e Behrooznia, S. (2014). The Impact of Brainstorming on Reading Comprehension and Critical Thinking Ability of EFL Learners, *Procedia - Social and Behavioural Sciences*, 98, 513 - 521.

Grabe, W. (2009). *Reading in a second language: Moving from theory to practice.* EUA: Cambridge University Press.

Gurkan, S. (2012). Os efeitos da familiaridade cultural e das actividades de leitura actividades on . Leitura em L2 Compreensão, *Procedia - Social e Ciências do Comportamento*, 55, 1196 - 1206.

Hamidon, I. S., Alias, N., Siraj, S. Kokila, K. Mohammed, M. e Thanabalan, T. V. (2013).

Potential of Twitter in Post-reading Activities Among Community College Students in Malaysia, *Procedia - Social and Behavioural Sciences*, 103, 725 - 734.

Ilgar, L. e Ilgar, S. (2012). An Investigation of the Relationship between the Teacher Candidates' Internet Usage and Their Habits of Reading, *Procedia - Social and Behavioural Sciences,* 46, 3220-3224.

Kamgar, N. e Jadidi, E. (2016). Exploring the Relationship of Iranian EFL Learners' Critical Thinking and Self-regulation with their Reading Comprehension Ability, *Procedia - Social and Behavioural Sciences*, 232, 776 - 783.

Karadag, R. (2014). Primary school teacher candidates' views towards critical reading skills and perceptions of their competence, *Procedia - Social and Behavioural Sciences*, 152, 889 - 896.

Karadeniz, A. e Can, R. (2015). A research on book reading habits and media literacy of students at the faculty of education, *Procedia - Social and Behavioural Sciences. 174,* 4058-4067.

Karimi, A. (2012). Schools with strong features and poor performance in reading literacy achievement in PIRLS 2006, *Procedia - Social and Behavioural Sciences*, 31, 646 - 652.

Kartal, H., Ozkilic, R. e Ozteke, H. C. (2012).
Lifelong learning and willingness to read outside school, *Procedia - Social and Behavioural Sciences*, 46, 4215 - 4220.

Kirmizi, F. S. (2010). Relationship between reading comprehension strategy use and daily free reading time, *Procedia Social and Behavioural Sciences*, 2, 4752-4756.

Kirmizi, F. S., Akkaya, N., Bigak,E. e i§gi,C. (2014). Teacher Candidates' Attitudes Towards Reading Habit (Case of Dokuz Eylul and Pamukkale Universities), *Procedia - Social and Behavioural Sciences,* 116, 127-131.

Kocaman, O. e Be§karde§ler, S. (2016).
Metacognitive awareness of reading strategy use by English language students in Turkish context: Sakarya University Sample, *Sakarya University Journal of Education, 6/2, 254-269.*
DOI: http://dx.doi.org/10.19126/suje.61107

Kugukali, R. e Akba§, H. (2015). Ele§tirel Du§uncenin Bilimlerin Geli§mesine Katkilari, *Ataturk Universitesi Sosyal Bilimler Enstitusu Dergisi,* 19 (3): 1-10.

Kugukoglu, H. (2013). Improving reading skills through effective reading strategies, *Procedia - Social and Behavioural Sciences,* 70, 709 - 714.

Ladipo, S. O. e Gbotosho, S. A. (2015). Influência da diferença de género no hábito de leitura e no desempenho académico dos estudantes de licenciatura em medicina na Universidade de Ibadan, Nigéria, *Library Philosophy and Practice (e- journal).*Paper 1338. http: //digitalcommons .unl .edu/libphilprac/1338

Lee, M.-L. (2012). A Study of the Selection of Reading Strategies among Genders by EFL College Students, *Procedia - Social and Behavioural Sciences*, 64, 310 - 319.

Maarof, N. e Yaacob, R. (2011). Meaning-making in the first and second language: reading strategies of Malaysian students, *Procedia Social and Behavioural Sciences,* 12, 211-223.

Maasum, T.N.R.T.M. e Maarof, N. (2012). Empowering ESL Readers with Metacognitive Reading Strategies, *Procedia - Social and Behavioural Sciences*, 69, 1250 - 1258.

Manoli, P. e Papadopoulou, M. (2012). Reading strategies versus reading skills: Two faces of the same coin, *Procedia - Social and Behavioural Sciences*, 46, 817 - 821.

Manoli, P. e Papadopoulou, M. (2014). Elementary EFL Teachers' Familiarity with Reading Strategies, *Procedia - Social and Behavioural Sciences*, 116, 2131-2136.

Martinez, V. G. e Lopez-Rio, J. (2015). Sobre o terrível perigo da leitura em dispositivos digitais, *Procedia - Social and Behavioural Sciences*, 178, 105 - 109.

Marzban, A. e Akbarnejad, A. A. (2013). The effect of cooperative reading strategies on improving reading comprehension of Iranian university students, *Procedia - Social and Behavioural Sciences*, 70, 936 - 942.

Mebarki, Z. (2011). Factores subjacentes ao desempenho de leitura dos estudantes argelinos de microbiologia, *Procedia - Social and Behavioural Sciences*, 29, 1759 - 1768.

Mehrdad, A. G., Ahghar, M. R. e Ahghar, M. (2012). The effect of teaching cognitive and metacognitive strategies on EFL students' reading comprehension across proficiency levels, *Procedia - Social and Behavioural Sciences*, 46, 3757 - 3763.

Morni, A. e Sahari, S-T. (2013). The Impact of Living Environment on Reading Attitudes, *Procedia - Social and Behavioural Sciences*, 101, 415 - 425.

Nachmani, L. (2015). Aspectos culturais da aquisição da leitura em EFL, *Procedia - Ciências Sociais e Comportamentais*, 209, 351 - 357.

Nielen, T. M. J., Mol, S. E., Jong, M. T. S. e Bus, A. G. (2016). Attentional bias towards reading in reluctant readers, *Contemporary Educational Psychology*, 46, 263-271.

Ninsuwan, P. (2015). The Effectiveness of Teaching English by Using Reading Aloud Technique towards EFL Beginners, *Procedia - Social and Behavioural Sciences*, 197, 1835 - 1840.

Nordin, N. M., Rashid, S. M., Zubir, S. I. S. S. e Sadjirin, R. (2013). Differences in reading strategies: how esl learners really read, *Procedia - Social and Behavioural Sciences,* 90, 468 - 477.

Odabas, H. (2016). Gelecekte Kutuphaneler ve Universite Kutuphanelerinde Yenilikci Yaklasimlar, *Ataturk Universitesi Sosyal Bilimler Enstitusu Dergisi,* 20 (3): 797-811.

Odabas, H., Odabas, Z. Y. e Polat, C. (2008). Universite Ogrencilerinin Okuma Ali§kanligi: Ankara Universitesi Ornegi, *Bilgi Dunyasi*, 9 (2), 431-465.

Olmez, F. (2015). An investigation into the relationship between L2 reading motivation and reading achievement, *Procedia - Social and Behavioural Sciences*, 199, 597 - 603.

Ozonder, O. (2015). Prospective ELT students' foreign language reading attitudes and motivation, *Procedia - Social and Behavioural Sciences*, 199, 722 - 729.

Pammu, A., Amir, Z., Maasum, T.N.R.T.M. (2014). Estratégias metacognitivas de leitura de estudantes universitários menos capazes: A Case Study of EFL Learners at a Public University in Makassar, Indonesia, *Procedia - Social and Behavioural Sciences,* 118,

357 - 364.

Pehlivan, A., Serin, O. e Serin, N. B. (2010). Determining the reading interests and habits of teacher candidates (TRNC Sample), Procedia Social and Behavioural Sciences 9, 869-873.

Piper, B., Zuilkowski, S. S., Kwayumba, D. e Strigel, C. (2016). Será que a tecnologia melhora os resultados da leitura? Comparing the effectiveness and cost-effectiveness of ICT interventions for early grade reading in Kenya, *International Journal of Educational Development*, 49, 204214.

Raissi, R. e Roustaei, M. (2013). On the relationship of reading strategies, extensive reading and selffefficacy, *Procedia - Social and Behavioural Sciences*, 90, 634 - 640.

Razi, S. e Qubukgu, F. (2014). Metacognição e leitura: Investigando a intervenção e comprehension of EFL freshmen in Turkey, *Procedia - Social and Behavioural Sciences*, 158, 288 - 295.

Roca, J. B. e Rius N. I. (2015). Um estudo qualitativo baseado nas histórias de vida de leitura de futuros Professores, *Procedia - Social and Behavioural Sciences,* 178, 15-19.

Rodriguez-Bravo, B., Alvite-ID'ez, M.-L., e Olea- Merino, I. (2015). La utilisation de las revistas electronicas en la Universidad de Leon (Espana): habitos de consumo y satisfacción de los investigadores, *INVESTIGACION*

BIBLIOTECOLOGICA, 29, (66), México, ISSN: 0187-358X, pp. 17-55.

Romano, A. F. e Pinto, M. L. C. (2015). Valores parentais e atitude das crianças face à leitura, *Procedia - Social and Behavioural Sciences*, 197, 939 - 943.

Ronkova, J. e Wildova, R. (2015). The Reading Matters: Children Readership in the Czech Republic, *Procedia - Social and Behavioural Sciences*, 171, 1204 - 1208.

Ronkova, J. e Wildova, R. (2016). Reading strategies activated in experimental research, *Procedia - Social and Behavioural Sciences*, 217, 363 - 371.

Sarigoban, A. e Behjoo, B. M. (2017). Metacognitive Awareness of Turkish EFL Learners on Reading Strategies, *Ataturk Universitesi Sosyal Bilimler Enstitusu Dergisi, Mart 2017 21(1): 159-172.*

Shiralipour, A., Asadi, M., Nazary, A. M., Siavoshi, H., Mohamadpur, H. Shayad, S. e Miri, M. (2011). The role of bilingualism at home and school on reading literacy performance with personal variables (based on PIRLS data-2006), *Procedia Social and Behavioural Sciences*, 15, 937-941.

Sahin, A., i§can, A. e Maden, S. (2009). ilkogretim Ogrencilerinin Okul Kutuphaneleri ve Sinif Kitapliklarini Kullanma Durumlari (Erzurum ili Ornegi), *Ataturk Universitesi Sosyal Bilimler Enstitusu Dergisi,* 13 (2): 183-196.

Senturk, B. (2015). EFL Turkish university students' attitudes and motivation towards reading in English, *Procedia - Social and Behavioural Sciences,*

199, 704 - 712.

Tabackova, Z. (2015). Fora da sala de aula a pensar dentro das paredes da sala de aula: Enhancing Students' Critical Thinking Through Reading Literary Texts, *Procedia - Social and Behavioural Sciences*, 186, 726 - 731.

Vansteelandt, I., Mol, S. E., Caelen, D., Landuyt, I. e Mommaerts, M. (2017). Os perfis de atitude explicam as diferenças no comportamento de leitura e nas crenças de competência dos professores em pré-serviço, *Learning and Individual Differences*, 54, 109-115.

Wigfield, A., & Guthrie, J. T. (1997). Relationships between children's reading motivation and the amount and extent of their reading. *Journal of Educational Psychology*, *89*(3), 420-432.

Wildova, R. (2014). Initial Reading Literacy Development in Current Primary School Practice, *Procedia - Social and Behavioural Sciences*, 159, 334 - 339.

Wildova, R. e Kropackova, J. (2015). Early Childhood Pre-reading Literacy Development, *Procedia - Social and Behavioural Sciences,* 191, 878 - 883.

Wilson, K. (2016). Critical reading, critical thinking: Delicate scaffolding in English for Academic Purposes (EAP), *Thinking Skills and Creativity*, 22, 256-265.

Yalman, M. (2015). Prespective teachers' views about e-book and their levels of use of e-books, *Procedia - Social and Behavioural Sciences*, 176, 255

- 262.

Yukselir, C. (2014). An Investigation into the reading strategy use of EFL prep-class students, *Procedia - Social and Behavioural Sciences*, 158, 65 - 72.

Yusof, N. M. (2010). Influence of family factors on the reading habits and reading interest of Grade 2 students in government primary schools in Malaysia, *Procedia Social and Behavioural Sciences*, 5, 1160-1165.

Yuksel, I. e Yuksel, I. (2012). Consciência metacognitiva das estratégias de leitura académica, *Procedia - Ciências Sociais e Comportamentais*, 31, 894 - 898.

Zhussupova, R. e Kazbekova, M. (2016). Estratégias metacognitivas como pontos no ensino da compreensão da leitura, *Procedia - Social and Behavioural Sciences*, 228, 593 - 600.

Zorba, M. G. (2013). Prospective English Language Teachers' Views on Literature-oriented Courses at Akdeniz University's ELT Department, *Procedia - Social and Behavioural Sciences,* 70, 1911 - 1918.

Printed by Books on Demand GmbH, Norderstedt / Germany